DSANATI DSAMBOLAT

Alle Rechte für die Bilder vorbehalten

© 1988 by Zbinden Druck und Verlag AG, Basel/Schweiz
Printed in Switzerland

ISBN 3-85989-060-3

DSANATI DSAMBOLAT

Ossetisches Märchen

Mit Bildern von Lilly Gross-Anderegg

1988

ZBINDEN VERLAG BASEL

Drei Brüder – drei Jäger

Inmitten der Berge des Kaukasus, in der düsteren Kurtatiner Schlucht, lag ein Dorf. In diesem Dorf lebten drei Brüder. Der älteste hieß Bimbolat, der mittlere Kaspolat und der jüngste Dsambolat. Sie waren aus dem alten Geschlecht des Jägers Dsanati. Gott verlieh jedem der Brüder eine besondere Gabe: Bimbolat gab er scharfe Augen, Kaspolat schnelle Beine und Dsambolat gab er ein tapferes Herz.

Jeden Tag gingen die drei Brüder auf die Jagd, einmal in die Schwarzen Berge, dann in die Grauen Berge und ein anderes Mal in die Weißen Berge.

Und jeden Tag brachten die drei Brüder ein erlegtes Stück Wild heim, bald einen Hirsch oder eine Gemse, bald einen Bären oder ein Wildschwein, bald eine Wildziege oder einen Fuchs. Bessere Jäger hätte man nicht gefunden, auch wenn man die ganze Welt, alle Wälder und Schluchten danach durchstreift hätte.

So lebten die drei Brüder in ihrem Dorf in den Bergen, hoch oben fast in den Wolken, wo die Bergadler kreisen und die kalten Winde wehen.

Und die Jahre vergingen, wer vermöchte es zu sagen, wie viele es waren. Aber nun geschah es, daß der älteste Bruder, Bimbolat, heiratete. Er brachte seine junge Braut in das Berghäuschen und sprach zu seinen Brüdern Kaspolat und Dsambolat:

«Ich bin zu alt geworden für die Jagd, meine Augen sind trübe, wie von einem Nebel bedeckt. Ich kann nicht mehr die flinke Gemse erkennen, wenn sie über den Berghang springt, ich treffe nicht mehr mit meinem stählernen Pfeil den Bergadler, der unter den Wolken dahinfliegt.»

«Es ist gut», antworteten der mittlere Bruder Kaspolat und der jüngste Bruder Dsambolat dem ältesten Bruder. «Sitze du ruhig in unserer Ssaklja* beim guten Schmaus und bewirte unsere Gäste reichlich mit Fleisch und Brot, wir zwei aber werden auf die Jagd in die Weißen Berge, in die Grauen Berge und in die Schwarzen Berge gehen und dir jeden Tag eine Gemse oder ein Wildschwein oder einen Hirsch bringen.»

Ob viele oder wenige Tage seitdem vergingen, ob viel oder wenig Wasser von den Bergen herabfloß, das weiß ich nicht. Da heiratete auch der mittlere Bruder, Kaspolat, und sagte zu seinem jüngsten Bruder Dsambolat:

* Behausung der Bergbewohner des Kaukasus.

«O du mein jüngerer Bruder, ich bin zu alt geworden, um auf die steilen Berge, durch die Schluchten und Wälder zu gehen. Mit jedem Tag zittern meine Beine immer stärker. Ich kann nicht mehr von Fels zu Fels springen, nicht mehr die verwundete Gemse einholen.»

Und Dsambolat antwortete ihm:

«Es ist gut, mein Bruder Kaspolat! Bleib du ruhig in unserer Ssaklja sitzen und hilf dem älteren Bruder, ich aber werde auf die Jagd gehen, in die Schwarzen Berge, in die Grauen Berge, in die Weißen Berge.»

Von nun an ging Dsambolat allein auf die Jagd.

Er ging in die Schwarzen Berge, er ging in die Grauen Berge, und er ging in die Weißen Berge. Und jeden Tag brachte Dsambolat seinen Brüdern einen Hirsch oder eine Gemse, einen Bären oder ein Wildschwein, einen Fuchs oder eine Wildziege heim.

Über alle Berge und alle Täler erscholl der Ruhm des großen Jägers Dsambolat.

«Im ganzen Land findet man keinen besseren Jäger als Dsambolat», sagten die Bergbewohner. «Möge der Schutzherr des Wildes Afsati ihm stets gute Jagd geben!»

Die älteren Brüder hörten, wie die Bergbewohner ihren jüngsten Bruder rühmten, und ihr Blut kochte vor Neid.

Und Kaspolat sagte zu Bimbolat:

«Der große Ruhm Dsambolats geht von Dorf zu Dorf, von Schlucht zu Schlucht, von einem Land zum anderen, aber mein und dein Ruhm will nicht über die Schwelle der väterlichen Hütte hinausgehen.»

«Dsambolat ist zwar unser Bruder», antwortete Bimbolat, «aber sein Ruhm ist für uns eine Schande. Wir wollen ihm eine Braut bringen, dann wird er nicht mehr auf die Jagd gehen, und sein Ruhm wird vergehen wie der Schnee im Frühling.»

So beschlossen der älteste Bruder Bimbolat und der mittlere Bruder Kaspolat, und so handelten sie auch.

Als es Abend wurde und Dsambolat von der Jagd in die Ssaklja heimkehrte und an einem Haken einen ausgeweideten Hirsch aufhängte, sagten seine Brüder zu ihm:

«O Dsambolat, geh nicht mehr allein auf die Jagd! Wenn du in den Bergen stirbst, dann werden dich die Raubvögel zerhacken, die wilden Tiere werden dich fressen, und auf das Haupt deiner Brüder wird große Schande kommen. Bleib du lieber bei uns sitzen, wir werden dir eine schöne Braut in unsere Ssaklja bringen.»

«Ich werde mir selbst eine Braut suchen», antwortete Dsambolat. «Ich werde das allerschönste Mädchen auf der ganzen Welt zur Frau nehmen, von schönerem Wuchs als eine Zypresse, mit Augen schwärzer als die schwärzeste Nacht, auf ihrem Haar wird das Licht der Sonne, des Mondes und der Sterne spielen.»

Sonst sagte Dsambolat nichts, und auch seine älteren Brüder erwiderten darauf kein Wort mehr.

Dann gingen die drei Brüder in das Haus, aßen Hirschfleisch und Weizenbrot, tranken Quellwasser dazu und legten sich schlafen.

Wie Dsambolat den verwundeten Hirsch suchte

Am nächsten Tag brach Dsambolat wieder zur Jagd in die Schwarzen Berge auf. Den ganzen Tag streifte er über die Berghalden und Grate und Hochmatten, aber er fand kein Wild. Schon verschwand die goldene Sonne hinter den Berggipfeln, da endlich sah Dsambolat auf einem Felsen einen Hirsch ohne Geweih. Blitzschnell zog er aus dem Köcher einen stählernen Pfeil, spannte den Bogen und schoß den Pfeil auf den Hirsch ab. Dann erklomm er geschwind den Fels, auf dem der Hirsch gestanden hatte, aber der Hirsch war spurlos verschwunden.

Dsambolat war tief betrübt, daß er den Hirsch nicht getroffen, daß sein Auge ihn getäuscht, seine Hand gezittert hatte. Doch plötzlich sah er auf den Steinen Blut.

Ich habe wohl den Hirsch doch getroffen, dachte er. Ich muß ihn in den Bergen suchen. Wenn Afsati will, dann finde ich den Hirsch. Ich kann nicht mit leeren Händen in das Dorf zurückkehren.

Und Dsambolat machte sich auf und wanderte über die schmalen Bergpfade hin, auf der Suche nach dem verwundeten Hirsch.

Wie lange Dsambolat so in den Bergen herumstieg, weiß niemand, aber den Hirsch ohne Geweih fand er nicht. Er wurde noch trauriger, und schließlich kehrte er mit leeren Händen in seine Ssaklja zurück. Nicht einmal einen Bissen Brot nahm er vor lauter Kummer zu sich. Er breitete seinen Filzmantel aus, legte sich nieder und war bald in tiefen Schlaf versunken. Während Dsambolat auf dem weichen Filz schlief, hörte er plötzlich neben sich eine Stimme:

«O Dsanati Dsambolat, dort, wohin der erste Strahl der Morgensonne fällt, dort suche den verwundeten Hirsch!»

Dsambolat richtete sich auf, rieb sich die Augen und schaute ringsum, dann legte er die Hände an die Ohren und lauschte. Lange saß er so und lauschte, aber er hörte nichts mehr.

Ich habe wohl nur geträumt, dachte Dsambolat. Und bald war er wieder fest eingeschlafen.

Als der Tag sich von der Nacht zu scheiden begann, hörte Dsambolat im Schlaf abermals die Stimme:

«O Dsambolat, steh schnell auf und schau, wohin der erste Strahl der Morgensonne blickt, dort wirst du den verwundeten Hirsch finden.»

Wieder sprang Dsambolat von seinem weichen Filz auf, und schnell wie eine Gemse lief er den Bergpfad hinauf auf einen hohen Felsen. Von dort blickte er auf die Berghänge im Osten und sah: Der erste Sonnenstrahl fiel auf eine schwarze Höhle mitten in einem steilen Berg.

Da lief Dsambolat zurück in die Ssaklja, nahm seine lange Lanze und seinen Bogen mit einem Köcher voller Pfeile und machte sich auf den Weg zu dem steilen Berg.

Wie eine hohe, glatte Mauer ragte der Berg fast bis zum Himmel. Und mitten in dem Berg lag die schwarze Höhle.

Wie soll ich auf einen so hohen und steilen Berg gelangen, dachte Dsambolat, wenn ich nicht Flügel habe wie der Adler und starke Krallen wie die Wildkatze?

Dann blickte er nach Osten und sagte:

«O Sonne der Sonnen, goldene Sonne! Warum habe ich keine stählernen Krallen, womit ich an dem glatten Felsen zur Höhle hinaufklettern könnte.»

Kaum hatte er diese Worte ausgesprochen, da verwandelten sich seine Finger in stählerne Krallen. Er kletterte an der Felswand empor zu der Höhle, ging in sie hinein und sah: mitten in der Höhle lag auf einer Steinplatte ein toter Mensch, in seiner Hand hielt er ein Pergament.

Erstaunt schaute Dsambolat auf den Toten und dachte: Doch wo ist mein Hirsch?

Er beugte sich zu dem toten Bergbewohner nieder, nahm ihm das Pergament aus der Hand und begann es zu lesen. Und darin stand geschrieben:

«Wenn du ein wahrer Sohn der Berge bist und in deiner Brust ein tapferes Herz schlägt und wenn in deinem Köcher stählerne Pfeile sind, dann handle nach dem Brauch deiner Väter und räche mich armen Menschen: Töte den Einäugigen Riesen in den Weißen Bergen! Ich habe weder Brüder noch Schwestern, weder Vater noch Mutter, und niemand, der für mich, den Einsamen, Rache nehmen kann. Wenn du den Gewalttäter, den Einäugigen Riesen, tötest, dann wird dein Lebensweg glücklich sein, und du wirst ein wunderschönes Mädchen als Braut finden. Aber wenn du meinen Tod nicht an dem bösen Gewalttäter rächst, dann soll Schande über dein Haupt und über dein ganzes Geschlecht kommen.»

Dsambolat nahm das Pergament und tat es in die Tasche seines Untergewandes, blieb zu Häupten des Toten stehen, erhob die Hand und sprach nach der Sitte der Väter folgenden Schwur:

«O unglücklicher Einsamer! Du hast keinen Bruder, keinen Vater, keine Mutter und keine Schwester; aber ich werde dich rächen! Ich werde den bösen Gewalttäter in den Weißen Bergen töten! Ich schwöre es bei der Seele meines Vaters!»

Der goldene Ring des großen Bergbewohners

Dsambolat trat aus der Höhle heraus und stieg die steile Felswand hinunter. Mit den scharfen stählernen Krallen klammerte er sich am Gestein fest. Aber kaum berührten seine Füße den Boden, da verwandelten sich die stählernen Krallen wieder in Finger. Und Dsambolat wanderte in die Weißen Berge und suchte den Einäugigen Riesen, um für den Tod des Einsamen Rache zu nehmen. Er ging und ging, durch Schluchten und Täler, über Berghänge und auf Waldpfaden, und immer noch ging er, als die Sonne sich hinter den Bergen verbarg und der Schwarze Reiter die ganze Erde mit seinem schwarzen Filzmantel zudeckte. Aber Dsambolat hatte keine Angst vor der finsteren Nacht; unbeirrt verfolgte er den Weg zu den Weißen Bergen, zu dem bösen Einäugigen Riesen.

Plötzlich verfing sich die lange Lanze, und Dsambolat konnte nicht weitergehen. So beschloß er, den Morgen abzuwarten. Und als der Schwarze Reiter mit seinem schwarzen Mantel von den Bergen fortsprengte und der Tag anbrach, da erblickte Dsambolat eine große menschliche Gestalt: es war ein Bergbewohner, der mit einer langen silbernen Kette gefesselt und am Boden angeschmiedet war. Er lag in tiefem Schlaf.

Voll Erstaunen sah ihn Dsambolat und sprach zu sich selbst: «Darum also ist meine Lanze steckengeblieben.» Dann schaute er nach Osten und sagte: «O Sonne der Sonnen, goldene Sonne! Laß diesen großen Bergbewohner erwachen!»

Kaum hatte er es gesagt, da zuckte der große Bergbewohner zusammen, öffnete die Augen, schaute auf den tapferen Dsambolat und sagte:

«O du guter Mensch, ich danke dir, daß du mich aus meinem langen Schlaf erweckt hast! Möge dir deine Kraft immer erhalten bleiben! Aber jetzt sage mir: Wer bist du, und wohin geht dein Weg?»

Dsambolat antwortete ihm:

«Ich bin der Jäger Dsambolat, der jüngste der drei Brüder Dsanati. Und ich gehe aus der Schwarzen Schlucht in die Weißen Berge, ich gehe zu dem bösen Einäugigen Riesen. Er hat den armen Einsamen getötet, und ich habe geschworen, für den Ermordeten Rache zu nehmen.»

«O du guter Mensch!» sagte darauf der große Bergbewohner. «Du gehst einen schweren Weg. Höre auf das, was ich dir sage: Viel Zeit ist vergangen, seitdem ich mit meiner schönen jungen Frau auf diesem Gebirgspaß lebte. Aber eines Tages kam der Einäugige Riese aus den Weißen Bergen in mein Haus, fesselte mich mit silbernen Ketten und schmiedete mich an, raubte meine Frau und ging mit ihr in die Weißen Berge. Gehe nicht zu ihm, er wird dich vernichten!»

Dsambolat hörte die Worte des großen Bergbewohners und sagte:

«Es ist besser, ich sterbe, als daß ich meinen Schwur breche. Möge dein Leben glücklich sein, aber ich werde meinen Weg gehen und den Einäugigen Riesen suchen.»

Noch einmal sagte der große Bergbewohner zu ihm:

«Gehe nicht zu dem Einäugigen, höre, was ich dir rate!»

«Nein!» antwortete Dsambolat. «Ich kann meinen Schwur nicht brechen.»

Als der große Bergbewohner sah, daß der tapfere Dsambolat nicht auf ihn hören wollte, schüttelte er den Kopf und sagte:

«Gut, soll dein Wille geschehen. Nimm von meinem Finger den goldenen Ring und steck ihn auf deinen Finger. Dieser goldene Ring wird dir den Weg zu dem Einäugigen Riesen zeigen. Wenn du den schrecklichen Riesen siehst, dann reibe den Ring an deiner Tscherkesska* und sage, was du dir wünschst. Im selben Augenblick wird dein Wunsch in Erfüllung gehen. Und wenn du wünschst, daß deine beiden Brüder dir zu Hilfe kommen, so werden sie augenblicklich erscheinen, um dir zu helfen, und alle drei zusammen werdet ihr den bösen Riesen töten. Aber dann zeige diesen goldenen Ring meiner Frau, und sie wird dir sagen, was weiter geschehen soll.»

Dsambolat nahm den goldenen Ring vom Finger des großen Bergbewohners, steckte ihn auf seinen eigenen Finger und sagte:

«Möge alles so geschehen, wie es dein Herz begehrt.»

«Und möge für dich alles so kommen, wie du es dir wünschst!» antwortete der große Bergbewohner.

Darauf nahm der tapfere Dsambolat von dem großen Bergbewohner Abschied und schritt weiter auf dem Pfad zu den Weißen Bergen.

Wie Dsambolat den Einäugigen Riesen tötete

So wanderte Dsambolat auf den Bergpfaden. Wohin der goldene Ring ihn zog, dorthin setze er seinen Fuß: Bald stieg er hohe Berghänge hinan, bald überschritt er Gebirgspässe, bald stieg er hinab in dunkle Schluchten. Lange wanderte Dsambolat, bis er endlich zu den Weißen Bergen kam.

Dann blieb er stehen und schaute sich um. Auf allen Seiten sah er nichts als hohe, hohe, weiße, weiße Berge. Aber er sah weder ein Dorf, noch sah er den Riesen, ja nicht einmal einen einfachen Bergbewohner.

In diesen Bergen lebt der Einäugige Riese sicher nicht, dachte Dsambolat. Doch plötzlich rollten Steine in die Schlucht hinunter, Staub erhob sich

---

* Nationalkostüm der Tscherkessen.

bis zu den Wolken, die Berghänge schwankten, und hinter den Weißen Bergen kam der Einäugige Riese hervor.

Er kam daher und schleppte unter den Armen hundertjährige Bäume, als ob es nicht Bäume wären, sondern Reisigbündel. Mitten auf der Stirn hatte er ein einziges Auge, gewaltig groß wie ein Sieb. Nach allen Seiten drehte sich das Auge des Riesen, nach rechts und nach links, nach oben und nach unten. Seine Pelzmütze war so groß, daß sich drei Bergbewohner samt ihren Pferden darin hätten verbergen können; in jeder Brusttasche seiner Tscherkesska hätte eine ganze Buche Platz gehabt, und mit den Schößen seiner Tscherkesska hätte man ein ganzes Dorf zudecken können.

Diesen Riesen kann ich nicht allein besiegen, dachte Dsambolat. Ja, wenn meine Brüder hier wären, zu dritt könnten wir es wohl. So dachte Dsambolat, und er rieb den goldenen Ring an seiner Tscherkesska und sagte:

«Bimbolat und Kaspolat, meine beiden Brüder, sollen bei mir sein.»

Im selben Augenblick standen die Brüder wie aus der Erde gewachsen neben Dsambolat.

«Warum hast du uns gerufen, Dsambolat?» fragten die Brüder. «Wirst du mit den Wildochsen in den Bergen nicht fertig, oder hast du keine Pfeile mehr in deinem Köcher?»

Dsambolat antwortete:

«Nicht um der schnellen Wildochsen willen bin ich in die Weißen Berge gegangen, und zahllos sind die stählernen Pfeile in meinem Köcher. Ich habe euch gerufen, damit ihr mir helft, den Einäugigen Riesen zu töten.»

Da sahen die älteren Brüder den Riesen, wie er von Fels zu Fels schritt und jahrhundertealte Bäume wie ein Reisigbündel mit sich schleppte. Sie sahen ihn und erschraken.

Der älteste Bruder Bimbolat schüttelte den Kopf, und der mittlere Bruder Kaspolat schüttelte den Kopf. Beide wurden traurig und sagten zu ihrem jüngsten Bruder Dsambolat:

«Niemals können wir einen solchen Riesen töten. Wir würden ihn nur in Zorn bringen und selbst zugrunde gehen. Nein, wir wollen den Riesen nicht töten, und auch dir erlauben wir es nicht.»

Aber der tapfere Dsambolat gab ihnen zur Antwort:

«Wenn ihr meine Brüder seid, dann werdet ihr mir helfen, den Einäugigen zu töten, aber wenn ihr nicht meine Brüder seid, dann geht nach Hause. Dann gehe ich allein und fordere ihn zum Kampf heraus.»

Da schämte sich der älteste Bruder Bimbolat, auch der mittlere Bruder Kaspolat schämte sich, und sie sagten:

«Nun gut Dsambolat, wenn du nicht aufgeben willst, was du dir vorgenommen hast, dann werden wir mit dir gehen; wir können unseren jüngeren Bruder in der Not nicht allein lassen.»

Dsambolat freute sich, und die drei Brüder eilten dem Riesen nach. Sie liefen und schauten, wohin der Einäugige Riese ging.

Der Einäugige Riese ging zu dem steilen Weißen Berg. In der Mitte des steilen Berges war eine stählerne Tür. Der Riese ging in den Berg hinein, schleifte die Bäume hinter sich her und schlug dann die schwere Tür so heftig zu, daß die Berge und Wälder bebten und die Pfeile in Dsambolats Köcher klirrten.

«Aha, hier also lebt der Einäugige!» sagten die Brüder und traten an die stählerne Tür heran. Bimbolat betrachtete die Tür und sagte:

«Nie im Leben können wir eine so schwere Tür öffnen.»

«Gräme dich nicht, mein ältester Bruder, bevor noch die Sonne hinter den Bergen verschwindet, werden wir die Tür öffnen und den Einäugigen töten», antwortete Dsambolat. «Hört, was ich mir ausgedacht habe. Ich werde auf den Fels klettern und mich dort hinsetzen; ihr aber werft Steine gegen die Tür. Dann wird der Riese zornig und wird die Tür öffnen, um nachzusehen, wer es wagt, sich seiner Höhle zu nähern. Und in dem Augenblick werde ich ihm von oben mit der scharfen Lanze den Kopf durchbohren.»

«Gut», sagte der älteste Bruder Bimbolat. «Du bist zwar jünger als ich, aber du hast dir nichts Schlechtes ausgedacht.»

«Gut», sagte auch der mittlere Bruder Kaspolat. «Du bist zwar der jüngste von uns dreien, aber es soll so geschehen, wie du willst.»

Darauf kletterte Dsambolat auf den Fels, und der älteste Bruder Bimbolat und der mittlere Bruder Kaspolat sammelten am Fuß des Berges Granitsteine und warfen sie gegen die Tür. Hatten sie einen Stein geworfen, dann versteckten sie sich hinter einem Felsen und warteten, ob der Einäugige nicht herauskomme; sie warteten und zitterten vor Angst.

Dsambolat aber saß mit der langen Lanze in der Hand auf dem Fels und wartete, daß die stählerne Tür sich öffne und der Einäugige Riese sich zeige. So saß er und saß, wartete und wartete – und schlief fest ein. Und kaum war er eingeschlafen, da öffnete sich die stählerne Tür, und aus der Höhle trat der Einäugige Riese.

Am Eingang zur Höhle sah der Riese zwei dieser lächerlich kleinen Knirpse von Bergbewohnern stehen, und in den Händen hielten sie Granitsteine.

Da wurde der Riese so zornig, daß sich sein einziges Auge rot färbte, und mit schrecklicher Stimme brüllte er, daß das Echo von allen Bergen widerhallte:

«Oh, ihr Berghunde! Ihr wagt es, zu meiner Höhle zu kommen?! Der Adler scheut sich, über die Weißen Berge zu fliegen, der Wildochse biegt vom Pfad ab, wenn er meine Höhle sieht, aber ihr kommt bis zu meiner Tür, ihr werft sogar mit Granitsteinen?»

Vor lauter Schrecken wagten es die Brüder nicht, dem Einäugigen ein einziges Wort zu erwidern.

Da sprang der älteste Bruder dem mittleren Bruder Kaspolat auf die Schulter und flüsterte ihm ins Ohr:

«Mein schnellfüßiger Bruder, lauf schneller als der Wind in die väterliche Hütte, sonst sind wir verloren!»

Und Kaspolat antwortete:

«Mein scharfäugiger Bruder, schneller als der Wind werde ich laufen, du aber zeige mir den Weg!»

So sprach er, und wie eine Gemse flog er von Fels zu Fels, von Pfad zu Pfad, von einem Stein zum anderen. Und der älteste Bruder saß ihm auf der Schulter und zeigte ihm den Weg.

Als der Einäugige Riese sah, daß die Bergknirpse wegliefen, wurde er noch zorniger und brüllte über die ganze Schlucht:

«Ach, ihr elenden Berghunde, ihr entkommt mir nicht!»

Und laut brüllend stürzte er Bimbolat und Kaspolat nach.

Wie aber lief der Einäugige? Er setzte einen Fuß auf einen Berg und den anderen Fuß auf den anderen Berg und sprang über die Schlucht hinüber, dann wieder trat er mit einem Bein in eine Schlucht und mit dem anderen Bein in eine andere Schlucht und sprang über der Berg hinüber. Und schon hatte er die Brüder fast eingeholt. Noch zwei solcher Schritte, und sie würden dem Tod nicht entgehen.

Der Einäugige sah es und brüllte vor Freude so laut, daß die Berge bebten. Und auch der Fels bebte, auf dem Dsambolat schlief, erbebte so stark, daß Dsambolat in die Tiefe stürzte, auf die Granitsteine aufschlug und erwachte. Sofort sprang er auf die Beine, blickte in die Runde und sah, daß die stählerne Tür zur Höhle des Riesen weit offenstand und weder von dem Riesen noch von den Brüdern etwas zu sehen war. Da kletterte Dsambolat wieder auf den Fels und sah seine Brüder über Berge und Schluchten laufen, und hinter ihnen schritt der Einäugige Riese. Gleich würde er sie einholen. Dsambolat erschrak, sein Gesicht wurde weißer als der Schnee, in seiner Brust brodelte das Blut wie das Wasser in einer Quelle, seine Augen glühten wie das Morgenrot.

«O du böser Teufel der Weißen Berge, du wirst meine Brüder nicht erreichen, du wirst meiner langen Lanze nicht entgehen», rief der tapfere Dsambolat. Er hob die Lanze hoch über den Kopf und schleuderte sie auf den Einäugigen Riesen. Sie flog über alle Schluchten, Wälder und Flüsse und bohrte sich in den Rücken des Riesen. Der Riese erzitterte wie ein Blatt im Wind, wankte von einer Seite auf die andere wie eine Eiche unter den Axtschlägen der Bergbewohner, er brüllte auf wie ein verwundeter Bär und brach zu Tode getroffen auf dem Boden der Schlucht zusammen.

Der tapfere Dsambolat sah es und freute sich, freute sich so sehr, daß ihm das Herz in der Brust hüpfte wie ein Lämmlein auf der Wiese. Er rief seinen Brüdern zu:

«He, Bimbolat! He, Kaspolat! Haltet ein! Lauft nicht weiter! Ich habe den Einäugigen Riesen getötet!»

Wohl hörten die Brüder die Worte Dsambolats, aber sie fürchteten sich so sehr, daß sie nicht stehenblieben und ohne sich umzusehen weiterliefen über die Berge, ihrem heimatlichen Dorf zu.

Als Dsambolat sah, daß seine älteren Brüder ihm nicht glaubten, rieb er den goldenen Ring an seiner Tscherkesska und sagte:

«Meiner Brüder sollen bei mir sein!»

Im selben Augenblick standen seine Brüder vor ihm.

«Oh, Dsambolat!» sagten die Brüder. «Warum hast du uns gerufen? Willst du, daß der schreckliche Riese uns allesamt frißt?»

Dsambolat gab keine Antwort. Er führte sie in die Schlucht, wo der getötete Riese lag. Da sahen die Brüder den toten Riesen, freuten sich und sagten zu ihrem jüngsten Bruder: «Mögen deine Augen noch schärfer werden als früher! Möge dein Herz noch tapferer in der Brust schlagen! Möge die Kraft deiner Arme noch stärker werden.»

Dann schleppten die drei Brüder eine große Steinplatte herbei und wälzten sie über das einzige Auge des bösen Riesen, damit er niemals mehr die Weißen Berge, die schwarzen Schluchten, den blauen Himmel und die grünen Wälder sehen, niemals mehr die armen Bewohner der Berge und Ebenen erschrecken könne.

Die drei Brüder in der Höhle des Einäugigen Riesen

Nun gingen die drei Brüder Bimbolat, Kaspolat und Dsambolat zu der Höhle des Einäugigen Riesen. Kaum waren sie bei der stählernen Tür angekommen, da kam aus der Höhle des Riesen eine wunderschöne Bergbewohnerin heraus, sie war so schön, daß man vergeblich ihresgleichen in den Weißen Bergen oder in den Schwarzen Bergen gesucht hätte. Und die schöne Frau aus den Bergen sagte zu den Brüdern:

«Wer immer ihr auch sein möget, Menschen aus den Bergen oder aus den Ebenen, euer Leben soll voll Glück erfüllt sein dafür, daß ihr den bösen Riesen getötet und mich aus dem Unglück gerettet habt!»

Und die drei Brüder antworteten ihr:

«Wir sind einfache Jäger aus der schwarzen Kurtatiner Schlucht. Jetzt aber sage du uns, wer du bist und warum du dich freust über den Tod des Einäugigen Riesen.»

Als die schöne Frau aus den Bergen diese Worte hörte, lächelte sie, so wie die Sonne nach dem Regen lächelt, und sagte:

«Wie soll ich mich über den Tod des Einäugigen Riesen nicht freuen! Hat er doch meinen Mann mit silbernen Ketten gefesselt, mich selbst aber in dieser Höhle hinter stählernen Türen eingekerkert, und seit vielen Jahren sehe ich weder Sonne, Mond noch Sterne.»

Da sagte Dsambolat zu ihr:

«Gute Frau, gräme dich nicht um den großen Bergbewohner, deinen Mann. Nicht lange mehr wird er in silbernen Ketten schmachten. Ich will nicht Dsambolat aus dem Geschlecht des Dsanati sein, wenn ich nicht seine Ketten in schwarze Asche verwandele. Aber damit du mir glaubst, daß ich die reine Wahrheit spreche, werde ich dir seinen Ring zeigen.»

So sprach Dsambolat und zeigte der Frau den Ring des großen Bergbewohners.

Als die Frau den Ring ihres Mannes sah, freute sie sich noch mehr.

Sie führte die drei Brüder in die Höhle, bewirtete sie reichlich mit Fleisch und Wein, und dann trug sie alles Gold des Einäugigen, alle seine Diamanten, all seine Seide und all seinen Brokat in der Mitte der Höhle zusammen. Ein ganzer Berg von Gold und Silber, von Diamanten, Brokat und Seide wuchs in der Höhle empor.

Dann hieb die Bergbewohnerin mit einer aus Filz geflochtenen Peitsche auf diesen Berg und sagte:

«Verwandle dich in ein Taubenei!»

Im selben Augenblick verwandelte sich der Berg von Gold und Silber, Diamanten, Seide und Brokat in ein Taubenei.

«Ihr tapferen Brüder», sagte die Frau, «dafür, daß ihr den bösen Riesen getötet und mein Leben aus dunkler Nacht in sonnigen Tag verwandelt habt, nehmt das Taubenei und die Filzpeitsche. Wenn ihr in euer väterliches Haus kommt, dann schlagt mit der Filzpeitsche auf das Taubenei, und es wird wieder das werden, was es vorher war.» Mit diesen Worten nahm sie das Taubenei von der Erde auf und gab es zusammen mit der Filzpeitsche dem tapferen Dsambolat. Der tapfere Dsambolat aber übergab nach der Sitte der Väter die Geschenke seinem ältesten Bruder.

Der älteste Bruder Bimbolat nahm das Taubenei und die Filzpeitsche und sagte zu der schönen Bergbewohnerin:

«Möge über deinem Haupte immer die goldene Sonne leuchten!»

Der mittlere Bruder Kaspolat sagte:

«Möge dein Leben voll Glück sein!»

Und der jüngste Bruder Dsambolat sagte zu der schönen Bergbewohnerin:

«Möge dein Leben noch viele Jahre dauern!»

Dann machten sich alle auf den Rückweg in die Schwarzen Berge: die drei Brüder und die schöne Frau des großen Bergbewohners.

Wie lange sie so unterwegs waren auf Bergpfaden und in dunklen

Schluchten und auf steilen Felswänden, vermag niemand zu sagen, aber eines Tages gelangten sie endlich zu den Schwarzen Bergen.

Die Frau und die drei Brüder schauten auf die Schwarzen Berge und sahen den großen Bergbewohner in silbernen Ketten liegen. Aber als sie herangekommen waren, rieb Dsambolat den goldenen Ring an seiner Tscherkesska, wandte sich der Sonne zu und sprach:

«O Sonne der Sonnen, goldene Sonne! Mögen die silbernen Ketten des großen Bergbewohners zu Asche werden!»

Und die silbernen Ketten fielen auf die Schwarzen Berge, die Erde bebte, Steine stürzten von den steilen Felsen herab, und Staub hüllte die Berge ein.

Der große Bergbewohner aber stellte sich auf seine mächtigen Füße. Er schaute auf die drei Brüder aus dem Geschlecht des tapferen Dsanati, dann blickte er auf seine schöne Frau, und er lächelte voll Freude wie die Sonne im Frühling. Er lächelte und sagte zu dem tapferen Dsambolat:

«Du hast meine Frau aus der Gefangenschaft befreit, du hast mich gerettet, du hast den bösen Einäugigen Riesen getötet. Möge dein Leben bis in alle Ewigkeit dauern! Möge dein Geschlecht auf der ganzen Erde berühmt werden! Und der goldene Ring den ich dir gab, soll für immer dir gehören. Er wird dich in das Land führen, wo eine schöne Prinzessin lebt. Möge dein Weg gerade sein!»

Darauf ging der große Bergbewohner mit seiner schönen Frau in sein Haus. Die Brüder aber brachen zu der Höhle auf, in welcher der erschlagene Einsame lag.

Wieder wanderten die drei Brüder über steile Berghänge, durch dichte Wälder und dunkle Schluchten. Sie wanderten Tag und Nacht und erreichten endlich die Schwarze Höhle.

Sie kletterten an der steilen Felswand zu der Schwarzen Höhle empor, legten am Eingang ihre Dolche, Lanzen und Pfeile nieder und traten zu dem toten Einsamen. Der tapfere Dsambolat erhob die Hände und sprach:

«O großer Barastyr, Beherrscher des Reiches der Toten!

Ich habe für den armen Einsamen Rache genommen: Ich habe mit meiner Lanze den bösen Riesen der Weißen Berge getötet. Nun gib du dem Einsamen einen Platz in deinem Totenreich!»

«Ja, möge es so sein!» sagten der älteste Bruder Bimbolat und der mittlere Bruder Kaspolat.

Mit ihren stählernen Dolchen gruben die Brüder in der Höhle eine Grube, legten den toten Einsamen hinein, schütteten das Grab mit Erde und Steinen zu und bedeckten es mit einer Granitplatte.

Dann standen sie nach der Sitte der Väter mit gesenkten Armen neben dem Grab, und der älteste Bruder Bimbolat sprach:

«Schlafe ruhig, Einsamer, der gewalttätige Riese lebt nicht mehr.»

So sprach Bimbolat und trat aus der Höhle, gefolgt von Kaspolat und Dsambolat. Als sie die steile Felswand hinuntergestiegen waren, sagte Dsambolat zu seinen älteren Brüdern:

«O meine älteren Brüder Bimbolat und Kaspolat! Nehmt das Taubenei und die Filzpeitsche und geht heim in unsere Ssaklja, ich aber werde in ein fernes Land gehen und mir eine schöne Braut suchen. Aber wenn ich binnen drei Jahren und drei Tagen nicht zurück bin, dann wißt ihr, daß ich nicht mehr am Leben bin. Dann sollt ihr mir nach der Väter Sitte eine Gedenkfeier halten.»

Sosehr auch Bimbolat und Kaspolat ihren jüngeren Bruder Dsambolat baten, nicht in das ferne Land zu gehen, Dsambolat hörte nicht auf sie.

Als die älteren Brüder sahen, daß sie Dsambolat nicht von seinem Vorhaben abbringen konnten, sagten sie zu ihm:

«Wenn du in Gefahr bist, dann reibe den goldene Ring an deiner Tscherkesska, und im selben Augenblick werden wir bei dir sein, um dir zu helfen.»

«Gut», antwortete Dsambolat und machte sich auf den Weg in das ferne Land, um eine schöne Braut zu suchen. Der älteste Bruder Bimbolat aber und der mittlere Bruder Kaspolat gingen zurück in ihr Haus.

Wie Dsambolat in das ferne Land gelangte

Wie viele Tage und Nächte der tapfere Dsambolat auf der Wanderung nach dem fernen Land verbrachte, niemand vermag es zu sagen! Aber endlich führte ihn sein goldener Ring in ein großes Dorf.

Dsambolat ging auf eine ganz am Ende stehende ärmliche Berghütte zu und rief:

«He, ihr guten Leute, wollt ihr nicht einen Gast einlassen?»

Die Tür der Berghütte wurde geöffnet, und heraus kam eine alte Frau. Sie schaute auf den Gast und sprach:

«Möge es ein glücklicher Gast sein, der da kommt!»

Dann führte die alte Frau ihren Gast in die Hütte, hieß ihn auf einer Holzbank Platz nehmen, bewirtete ihn mit allem, was ihre Mühe und Arbeit ihr gab, und dann fragte sie: «O guter Gast! Nun sage mir, wer du bist, woher du kommst und wohin dein Weg geht.»

«Ich bin ein Jäger aus den fernen Bergen, man nennt mich Dsambolat aus dem Geschlecht des Dsanati. Und ich gehe in ein fernes Land, um mir eine schöne Prinzessin als Braut zu suchen, die allerschönste auf der ganzen Welt.»

Da seufzte die alte Frau, schüttelte den grauen Kopf und sagte zu Dsambolat:

«Nicht leicht ist das, was du dir vorgenommen hast, du guter Sohn der Berge. Dieses ferne Land – es ist unser Land. Und diese schöne Prinzessin – es ist die Tochter unseres Königs. Viele tapfere Männer aus dem Gebirge, vornehme und einfache, sind schon in dem Königsschloß gewesen, aber nicht ein einziger ist von dort lebend zurückgekehrt. Höre auf den Rat einer alten Frau: Geh lieber fort von hier, bewahre deinen Kopf vor dem Unheil!»

Doch Dsambolat antwortete der alten Frau:

«Ich werde nicht allein in meine Berge zurückkehren. Ich werde mit einer schönen Braut zurückkehren. Ich laufe nicht weg vor der Gefahr, wie der Hase vor dem Adler wegläuft. Ich will nicht Schande auf mein Haupt bringen, ich will nicht meinen älteren Brüdern und dem ganzen Geschlecht des Dsanati Schande bereiten.»

Wieder schüttelte die alte Frau den grauen Kopf, dann sagte sie:

«Ich sehe, du bist ein tapferer Sohn der Berge: Was du dir vorgenommen hast, das führst du auch aus. Übernachte in meiner ärmlichen Hütte, und morgen früh werde ich dir den Weg zu dem Königsschloß zeigen.»

Die alte Frau bereitete Dsambolat ein ärmliches Lager, und auch sie selbst legte sich schlafen.

In aller Morgenfrühe sprang Dsambolat von seinem Lager auf und ging auf den Hof der ärmlichen Hütte, um sich zu waschen. Er zog den goldenen

Ring vom Finger und legte ihn auf einen Stein, dann wusch er sich mit Quellwasser und ging in die Hütte zurück. Der Ring aber blieb auf dem Stein liegen.

Die alte Frau gab Dsambolat zu essen und Quellwasser zu trinken, und dann sagte sie: «Mitten in einem großen Dorf steht auf einem Berge ein kristallenes Schloß mit einem hohen Turm. In diesem Turm lebt in ihrem goldenen Gemach die wunderschöne Königstochter. In der ganzen Welt gib es kein Mädchen, das schöner wäre als sie. Aber es ist nicht so leicht, sie aus dem hohen Turm zu entführen. Denn die schöne Prinzessin wird von den tapferen Kriegern des Königs bewacht. Als der alte König im Sterben lag, rief er alle seine Krieger zusammen und sprach: ‹Hütet meine schöne Tochter wie eure Augäpfel. Und sie soll nur einen tapferen Mann aus den Bergen heiraten, der euch alle besiegt, entweder mit der Kraft seines Armes oder mit der Spitze seines Speeres oder mit seinem tapferen Herzen. Wenn sich aber solch ein tapferer Mann nicht findet, dann soll meine Tochter im Königsschloß hinter sieben Türen allein leben.› Nachdem er so gesprochen hatte, verwandelte der alte König alle seine Krieger in Löffel, Tassen, Teller und Wildochsenhörner und streute diese Löffel, Teller, Tassen und Wildochsenhörner am Eingang zu dem Turm aus. Dann legte er sich auf seine Ruhestatt und starb. Seitdem sind viele, viele Jahre vergangen, aber die Krieger des Königs hat noch niemand besiegt. Kaum hat ein Bergbewohner, sei es ein vornehmer oder ein einfacher Mann, den Turm des Königsschlosses betreten, so verwandeln sich alle Löffel, alle Tassen, alle Teller und alle Hörner sofort wieder in tapfere königliche Krieger, ergreifen den Bergbewohner und werfen ihn in den Abgrund.»

«Aber wie soll ich da die schöne Königstochter entführen?» fragte Dsambolat die alte Frau. Und die alte Frau antwortete ihm:

«Höre mich an und merke dir meine Worte. Wenn du in das Schloß kommst, wirst du viele, viele Löffel und Teller, Hörner und Tassen erblicken. Dann kehre alle Löffel, alle Teller, alle Hörner und alle Tassen um und gehe dann erst weiter. Dann kommst du zu einer hölzernen Tür. Öffne diese Tür, und du wirst eine steinerne Tür sehen. Und nach der steinernen Tür kommt eine kupferne Tür, nach der kupfernen eine bronzene, nach der bronzenen eine eiserne, nach der eisernen eine silberne, und nach der silbernen wirst du eine goldene Tür sehen. Und wenn du die goldene Tür öffnest, so kommst du in ein goldenes Gemach. Dort findest du die schöne Prinzessin. Wenn sie die Augen niederschlägt, dann wirst du Erfolg haben; wenn sie dir aber ins Gesicht schaut, dann darfst du nicht hoffen. Und nun gehe, und mögen die Berggeister dir helfen!»

Dsambolat stand von der Bank auf, steckte seinen stählernen Dolch hinter den Gurt, nahm den Bogen und den Köcher mit den Pfeilen, nahm auch seinen langen Speer und machte sich auf den Weg zum Königsschloß, auf der Suche nach der schönen Prinzessin.

Wie die Krieger dem tapferen Dsambolat die schöne Königstochter wegnahmen

Mitten in dem Dorf lag ein hoher Berg, und auf dem Berg stand das kristallene Schloß. Dsambolat ging die breite Straße zum Königsschloß hinauf, trat durch das bronzene Tor und sah in den Strahlen der Morgensonne die kristallenen Türme funkeln. Der weite Hof war mit schwarzen Steinplatten bedeckt wie das Lager eines Bergbewohners mit einem Filzmantel, und rings um das Schloß erhob sich eine starke Mauer aus Granit.

Der tapfere Dsambolat schritt auf den höchsten aller Türme zu und sah ringsherum Löffel, Teller, Tassen und Wildochsenhörner liegen.

Die gute alte Frau hat mir die Wahreit gesagt, dachte Dsambolat.

Aber Löffel und Teller liegen da so viele, daß man sie doch nicht alle umdrehen kann, auch wenn man den ganzen Tag daran arbeitet. Da ist es doch besser, ich reibe einfach den goldenen Ring an meiner Tscherkesska und wünsche mir, daß alle Löffel und Hörner im ganzen Königsschloß sich von selbst umdrehen.

So dachte Dsambolat und schaute auf seinen Finger, aber der Ring war nicht da. Und nun erinnerte er sich, daß der Ring auf dem Stein neben der Hütte der alten Frau liegengeblieben war. Dsambolat wurde traurig, aber was sollte er tun? Er konnte doch nicht zu der Hütte der alten Frau zurückkehren!

Und so begann Dsambolat alle Löffel, alle Tassen, alle Teller und alle Hörner umzudrehen. Nur einen alten Löffel drehte Dsambolat nicht um, der lag hinter einer Steinplatte, ganz bedeckt mit Staub, und der tapfere Jäger bemerkte ihn nicht.

Dann öffnete Dsambolat die hölzerne Tür und stieg auf einer hölzernen Treppe zu einer steinernen Tür hinauf. Er öffnete auch die steinerne Tür und gelangte auf einer steinernen Treppe zu einer kupfernen Tür und auf einer kupfernen Treppe zu einer bronzenen Tür. Dann ging er durch eine eiserne Tür, dann durch eine silberne Tür hindurch, und endlich sah er eine goldene Tür und ging auf sie zu. Das war die siebente Tür im kristallenen Turm des Königs des fernen Landes.

Nun öffnete Dsambolat auch die goldene Tür und trat in ein goldenes Gemach ein. Und er sah mitten in dem goldenen Gemach die wunderschöne Prinzessin stehen. Ihr Wuchs war schöner als der einer Zypresse, ihre Augen waren schwärzer als die schwarze Nacht, und auf ihrem Haar spielte das Licht der Sonne, des Mondes und der Sterne.

Die schöne Prinzessin schaute den tapferen Dsambolat an, aber sie sprach kein Wort. Dsambolat erinnerte sich an die Worte der alten Frau: «Wenn sie die Augen niederschlägt, dann wirst du Erfolg haben; wenn sie dir aber ins Gesicht schaut, dann darfst du nicht hoffen.» Aber wenn Dsambolat auch wußte, daß er keinen Erfolg haben werde, so kehrte er doch nicht um, sondern ging auf die Prinzessin zu und sagte: «Die ganze Welt habe ich durchwandert und dich gesucht, du schöne Prinzessin. Und jetzt werde ich dich von hier entführen. Du wirst die Frau des Jägers Dsambolat aus dem Geschlecht des Dsanati werden.»

«Rühme dich nicht zu früh, tapferer Dsambolat», sagte die Prinzessin. «Noch hast du nicht mit den Kriegern meines Vaters gekämpft, noch hast du nicht die Kraft deiner Arme und die Standhaftigkeit deines Herzens gezeigt, noch sind deine Pfeile nicht durch das kristallene Schloß geflogen. Gehe lieber fort von hier, ehe dich die königlichen Krieger erblicken, ehe ihre krummen Säbel klirren, ehe ihre spitzen Lanzen stoßen.»

Doch der tapfere Dsambolat hatte keine Angst vor den königlichen Kriegern, er fürchtete nicht ihre langen Lanzen und scharfen Säbel.

Süßer als Honig schienen Dsambolat die Worte der schönen Prinzessin, angenehmer als das Murmeln einer Quelle ihre Stimme, zarter als der leichte Südwind ihre Rede. Und er gab ihr zur Antwort: «Eine Schande ist es für einen Jäger, von der Jagd ohne einen Wildochsen oder einen Hirsch heimzukommen. Und eine Schande ist es für Dsanati Dsambolat, ohne eine schöne Braut in sein Haus zurückzukehren.»

So sprach Dsambolat, nahm die schöne Prinzessin auf die Arme und lief mit ihr aus dem goldenen Gemach durch die goldene Tür hinaus. Und auf der goldenen Treppe lief er hinunter zu der silbernen Tür, dann zu der eisernen, nach der eisernen zur bronzenen, nach der bronzenen zur kupfernen und nach der kupfernen zur steinernen. Dann lief er die steinerne Treppe hinunter in das steinerne Gemach und kam zu der hölzernen Tür. Dsambolat öffnete die hölzerne Tür und wollte gerade aus dem hölzernen Gemach auf den weiten Hof des Königsschlosses hinauslaufen, da verwandelte sich der alte Löffel hinter der Steinplatte plötzlich in einen Krieger. Und der Krieger schrie, daß es über den ganzen Schloßhof des alten Königs hallte:

«Auf, ihr königlichen Krieger! Ein Bergbewohner will unsere schöne Prinzessin entführen!»

Im selben Augenblick drehten sich alle Löffel, alle Teller, alle Tassen und alle Hörner um und verwandelten sich in königliche Krieger. Und jeder Krieger hatte einen Köcher voll stählerner Pfeile, in den Händen einen gespannten Bogen und eine lange Lanze und am Gürtel einen krummen Säbel und einen scharfen Dolch.

Die königlichen Krieger umzingelten den armen Dsambolat, nahmen ihm die Prinzessin weg und trugen sie auf den Armen in ihr goldenes Gemach zurück. Dsambolat aber bewachten drei tapfere Krieger, damit er nicht fliehen und ihrem großen Zorn entgehen könne.

Dsambolat sah, daß der Tod ihm sicher war. Er schaute auf die drei Krieger und dachte: Mit meinem scharfen Speer habe ich den schrecklichsten aller Riesen auf der Welt durchbohrt, und mehr als einmal hat mein stählerner Pfeil den Adler im Flug ins Auge getroffen. Und da soll jetzt die Kraft meiner Arme nicht genügen, drei Krieger des Königs in den Tod zu schicken?

Da kochte Dsambolat das Blut in den Adern, wie das Wasser im Quell brodelt. Er gab einem der Krieger mit der Faust einen Stoß vor die Brust, und der Krieger brach zu Tode getroffen zusammen. Ein anderer Stoß, und auch der zweite Krieger wälzte sich sterbend am Boden. Der dritte aber erschrak so sehr, daß er schneller als eine Gemse die hölzernen Stufen der Treppe hinauflief und schrie:

«Zu Hilfe, zu Hilfe, königliche Krieger!»

Die königlichen Krieger hörten ihn und stürzten herbei. In ihren Köchern klirrten die stählernen Pfeile, die Schäfte ihrer langen Speere stießen gegeneinander, und ein großer Lärm erhob sich.

Aber der tapfere Dsambolat stieß die hölzerne Tür auf, lief durch den weiten Hof des Königsschlosses und entkam durch das bronzene Tor.

Die königlichen Krieger eilten herbei, um mit ihren spitzen Speeren das Herz des tapferen Sohnes der Berge zu durchbohren, ihn in Stücke zu hauen und ihn in den Abgrund zu werfen, den Wölfen und Schakalen zum Fraß. Aber Dsambolat war verschwunden.

Da begruben die königlichen Krieger ihre getöteten Kameraden und verwandelten sich wieder in Löffel, Teller, Tassen und Hörner.

Der tapfere Dsambolat aber lief und lief. Schneller als der Sturmwind lief Dsambolat über die Pfade, durch Gärten und Gassen des großen Dorfes des fernen Landes, bis er endlich die Hütte der alten Frau erreichte.

Da warf sich Dsambolat auf eine Steinplatte neben der Hütte und weinte bittere Tränen. Die alte Frau sah durch das Fenster Dsambolat auf dem Stein liegen und wie ein kleines Kind weinen. Sie kam aus der Hütte und sagte zu ihm:

«Siehst du, du hast nicht auf eine alte Frau gehört, und die Geister der Berge und der Täler haben dir nicht geholfen. Aber sei nicht traurig, guter Gast. Nimm von dem Brot, das ich dir bieten kann, und lege dich auf eine weiche Filzdecke schlafen. Morgen früh aber verlasse unser Land und gehe weit fort von den königlichen Kriegern.»

Dsambolat hörte auf zu weinen, setzte sich auf einen Stein und erhob den Kopf, um der alten Frau zu erzählen, wie er sich vor den königlichen Kriegern gerettet hatte. Da sah er plötzlich auf dem Stein seinen goldenen Ring liegen. Er sprang auf und nahm den Ring.

«O du gute alte Frau!» rief Dsambolat. «Nein, ich gehe nicht fort in die Schwarzen Berge ohne die schöne Prinzessin, ich werde nicht Schande auf mein Haupt und auf das ganze Geschlecht der Dsanati bringen. Morgen nehme ich meinen goldenen Ring und wandere wieder zu dem kristallenen Schloß. Und noch ehe die Sonne hinter den Gipfeln der Berge verschwindet, komme ich mit der schönen Prinzessin zurück.»

«Mögen deine Worte Wirklichkeit werden!» antwortete ihm die alte Frau.

Dann führte sie Dsambolat in die Hütte, gab ihm Brot und Salz und einen Trunk Quellwasser dazu und bereitete ihm sein Lager auf einer weichen Filzdecke.

Wie der tapfere Dsambolat die schöne Prinzessin aus dem kristallenen Turm entführte

Als der Tag sich von der Nacht schied, sprang Dsambolat von seinem Lager auf, lief in den Hof und wusch sich mit Quellwasser. Dann nahm er seine lange Lanze und den Köcher mit den Pfeilen, befestigte am Gürtel den krummen Säbel und den stählernen Dolch und sagte zu der alten Frau:

«O du gute Frau, es wird Zeit, daß ich aufbreche, um die schöne Prinzessin zu holen.»

«Erst iß und trink noch, und möge dann dein Weg glücklich sein!» antwortete die alte Frau.

Dsambolat setzte sich auf die Holzbank, aß Brot und leerte einen großen Becher Quellwasser, dann stand er auf und sagte: «Friede deinem Hause!»

«Dir aber mögen die Geister der Berge und der Ebenen Erfolg schenken!» antwortete die alte Frau.

Und wieder ging Dsambolat auf den Straßen des großen Dorfes geradeaus zu dem kristallenen Schloß, die gute alte Frau stand immer noch an der Schwelle ihrer Hütte, schaute ihrem tapferen Gast nach und sagte:

«O Geister der Ebenen und der Berge, schenkt ihm Erfolg!»

Der tapfere Dsambolat aber schritt durch die Straßen des großen Dorfes, durch die Gärten und auf kleinen Pfaden und kam zu dem hohen Berg, der mitten in dem Dorfe lag. Dann stieg er zum königlichen Schloß hinauf, ging durch das bronzene Tor in den weiten Hof, rieb seinen goldenen Ring an der Tscherkesska, wandte sich nach Osten und sagte:

«O Sonne der Sonnen, goldene Sonne! Mögen alle Löffel, alle Tassen, alle Teller, alle Hörner in diesem hohen Turm und in dem kristallenen Schloß des alten Königs sich von selbst umdrehen!»

Kaum hatte Dsambolat dies gesagt, da erscholl im ganzen Kristallschloß ein großer Lärm, und wie der Morgennebel bedeckte Staub den weiten königlichen Hof. Das kam davon, daß sich alle Löffel, alle Teller, alle Tassen und alle Wildochsenhörner in dem hohen Turm und überall in dem kristallenen Schloß von selbst umdrehten. Und Dsambolat stand so lange, bis der Lärm sich gelegt hatte und der Staub über das große Dorf und die Ebenen hin verflogen war.

Dann aber lief er schneller als eine Gemse zu dem hohen Turm und öffnete die hölzerne Tür. Er lief durch das hölzerne Gemach und öffnete die steinerne Tür, nach der steinernen die bronzene, nach der bronzenen die kupferne, nach der kupfernen die eiserne, nach der eisernen die silberne Tür. Er lief die silberne Treppe hinauf und blieb vor der goldenen Tür stehen.

Und jetzt öffnete der tapfere Dsambolat auch die goldene Tür und trat in das goldene Gemach ein.

Der tapfere Dsambolat sah: Mitten in dem goldenen Gemach stand die wunderschöne Prinzessin, die Augen niedergeschlagen, und auf ihrem Haar spielte das Licht der Sonne, des Mondes und der Sterne. Da erinnerte sich Dsambolat der Worte der guten alten Frau: «Wenn sie die Augen niederschlägt, dann wirst du Erfolg haben; wenn sie dir aber ins Gesicht schaut, dann darfst du nicht hoffen.» Und Dsambolat freute sich, er freute sich so sehr, daß seine Augen glänzten wie die Sterne und das Blut in seiner Brust kochte wie das Wasser im Kessel.

Der tapfere Dsambolat erhob die rechte Hand und sprach:

«O du wunderschöne Prinzessin, sei gegrüßt! Du siehst, von neuem bin ich hier, in deinem goldenen Gemach. Die Speere der königlichen Krieger haben mein Herz nicht durchbohrt. Verrostet sind in den Scheiden ihre krummen Säbel und stählernen Dolche. Ich dagegen habe die Kraft meiner Arme, die Sicherheit meiner Augen, die Standhaftigkeit meines Herzens bewiesen: Zwei tapfere Krieger deines Vaters habe ich ins Reich der Toten geschickt. Und jetzt bin ich abermals gekommen, um dich mitzunehmen in mein väterliches Haus.»

Die schöne Prinzessin hörte den tapferen Dsambolat an, sagte aber kein einziges Wort, nur noch stärker als zuvor strahlte auf ihrem Haar das Licht der Sonne, des Mondes und der Sterne.

Da trat der tapfere Dsambolat auf die schöne Prinzessin zu, nahm sie auf die Arme und lief durch die goldene Tür in das silberne Gemach. Aus dem silbernen Gemach lief er in das eiserne, aus dem eisernen in das bronzene, aus dem bronzenen in das kupferne, aus dem kupfernen in das steinerne.

Dann öffnete der tapfere Dsambolat die hölzerne Tür, und mit der schönen Prinzessin auf den Armen lief er schneller als eine Gemse direkt zu der Hütte der guten alten Frau.

Aus dem Fenster ihrer Hütte sah die alte Frau, daß ihr Gast nicht allein zurückkam, daß er auf den Armen die schöne Prinzessin trug, und sie freute sich.

Sie lief aus der Hütte heraus, erhob ihre alten Hände zum Himmel und flehte:

«O große Götter des Himmels und der Erde! Gebt meinem tapferen Gast und der schönen Prinzessin Glück!»

Und die schöne Prinzessin lächelte, lächelte wie die Sonne im Frühling, nahm von ihrem Finger einen goldenen Ring und gab ihn der alten Frau mit den Worten:

«Hier nimm meinen goldenen Ring. Gehe mit ihm zu dem kristallenen Schloß. Dort, in dem kleinsten der Türme, steht eine geschmiedete Truhe. Berühre sie mit meinem Ring, und die Truhe wird sich dir öffnen. In dieser Truhe wirst du viel Gold, Silber und Diamanten sehen. Nimm dir so viel Gold, Silber und Diamanten, wie du willst. Dann berühre die Truhe abermals mit meinem Ring, und sie wird sich von selbst schließen. Gehe hin, und möge Glück deine ärmliche Hütte erfüllen!»

«Ja, möge es so sein!» sagte Dsambolat zu der alten Frau.

Dann nahm die schöne Prinzessin ihr seidenes Kopftuch ab, breitete es auf der Erde aus, bat Dsambolat, sich auf dieses seidene Kopftuch zu setzen, und ließ sich neben ihm nieder. «O Schutzherr der Täler und Wälder meines Königreiches», sagte die schöne Prinzessin. «Möge das seidene Kopftuch uns beide in das ferne Haus der Dsanati tragen!»

Kaum hatte sie so gesprochen, da erhoben sich der tapfere Dsambolat und die schöne Prinzessin auf dem seidenen Kopfuch höher als die Wälder und Berge, höher als die Wolken und flogen in das Haus der Dsanati. Die gute alte Frau aber blieb in ihrer Hütte zurück.

Wie der tapfere Dsambolat die königlichen Krieger besiegte und wie er mit der schönen Prinzessin in seinem väterlichen Hause lebte

Wie lange der tapfere Dsambolat und seine schöne Braut auf dem seidenen Kopftuch flogen, vermag niemand zu sagen! Aber nun spürten sie ein Verlangen, Quellwasser zu trinken.

Da flehte die schöne Braut:

«O Schutzherr der Wälder und Täler, möge uns das seidene Kopftuch dorthin tragen, wo eine Quelle sich in einen Bergbach ergießt!»

Im selben Augenblick senkte sich das seidene Kopftuch zu einer Stelle nieder, wo eine Quelle sich in einen Bergbach ergoß, und Dsambolat und seine schöne Braut tranken nach Herzenslust von dem frischen Quellwasser.

Dann sagte Dsambolat zu der Prinzessin:

«Lege du dich hin auf das seidenweiche Gras und schlafe, ich werde dich behüten.»

«Gut!» sagte die Prinzessin, legte sich auf das seidenweiche Gras und verfiel in süßen Schlaf.

Dsambolat aber hielt bei der Prinzessin Wache, damit die königlichen Krieger sie nicht entführen, der Blick der bösen Geister nicht auf sie fallen, die Teufel sie nicht behexen konnten.

Endlich erwachte die Prinzessin, stand von dem seidenweichen Gras auf, wusch ihr Gesicht im Wasser der Quelle und sagte zu dem tapferen Dsambolat:

«Und jetzt leg du dich auf das seidenweiche Gras nieder und schlafe, und ich werde deinen Schlaf bewachen.»

«Gut!» antwortete Dsambolat. «Ich bin so müde, daß mir die Beine einknicken.»

Sprach's, legte sich in das seidenweiche Gras und war sogleich tief eingeschlafen.

So schlief der tapfere Dsambolat auf dem seidenweichen Gras, und die Prinzessin stand neben ihm und hielt nach allen Seiten Ausschau. Sie sah nach der einen Seite, ob dort nicht Wölfe oder Schakale waren, sie sah nach der anderen Seite, ob dort nicht unterirdische böse Geister und Teufel wohnten. Dann wieder sah sie auf den Bergbach, ob er nicht Unheil bringe.

Und plötzlich sah die Prinzessin in dem Bach einen hölzernen Löffel heranschwimmen.

Da erschrak die schöne Prinzessin und dachte: Wie kommt ein königlicher Krieger hierher?

Die Prinzessin erblaßte, ihr Gesicht wurde weißer als der Schnee im Gebirge, die Beine zitterten ihr vor Angst, und sie rief, daß es über die ganze Ebene hin schallte: «Wach auf, armer Dsambolat!»

Doch noch ehe der tapfere Dsambolat von der Erde aufspringen konnte, hatte sich der hölzerne Löffel in einen königlichen Krieger verwandelt. Und der stählerne Pfeil des bösen Kriegers schwirrte durch die Luft und durchbohrte das Herz Dsambolats. Dsambolat stöhnte tief auf und fiel leblos in das seidenweiche Gras nieder.

Der königliche Krieger aber schrie aus Leibeskräften:

«Auf, auf, ihr Krieger des großen Königs!»

Dann stürzte sich der Krieger in den Bergbach, und im Wasser verwandelte er sich wieder in einen hölzernen Löffel.

Und der hölzerne Löffel schwamm den Fluß entlang, bald tauchte er im Wasser unter, bald verschwand er hinter einem Stein, bald verbarg er sich unter dem Schaum, bald erschien er wieder an der Oberfläche.

Die schöne Prinzessin aber weinte bittere Tränen, sie weinte und jammerte wie eine alte Frau an der Leiche ihres getöteten Sohnes:

«O du armer Dsambolat! O du tapferer Dsambolat! Nun läßt du mich hier allein! Was soll ich ohne dich machen in dieser öden Ebene?»

So weinte die schöne Prinzessin an der Leiche Dsambolats, aus ihren schwarzen Augen brach ein Strom von Tränen und ergoß sich direkt in den Bergbach. Und so sehr grämte sich die schöne Prinzessin, daß der Glanz der Sonne, des Mondes und der Sterne auf ihrem Haar erlosch.

Plötzlich sah die Prinzessin, daß eine kleine Maus zu Dsambolat hinlief und mit ihren scharfen Zähnen seinen Schuh benagte.

Da wurde die Prinzessin böse auf die kleine Maus und schrie:

«Wie kannst du es wagen, du böse Maus, den armen Dsambolat anzurühren!»

Aber das Mäuschen hatte keine Angst vor der Prinzessin, es lief nicht ins Gebüsch fort, sondern zerriß nur noch eifriger mit seinen scharfen Zähnen den Schuh Dsambolats.

Da ergriff die Prinzessin einen Stein und warf damit nach der kleinen Maus.

Der Stein traf das Mäuschen in den Rücken, es piepste und fiel tot neben Dsambolat hin. Plötzlich kam, wer weiß woher, eine große Maus gelaufen. Sie weinte bitterlich, und mit menschlicher Stimme sagte sie zu der Prinzessin:

«Warum hast du meine kleine Tochter getötet? Was hat sie dir getan, du böse Frau?» Und sie weinte heftiger, und ein ganzer Strom von Tränen floß ihr den Schnurrbart entlang.

Da wunderte sich die Prinzessin, denn noch nie hatte sie eine Maus weinen sehen, noch nie eine Maus mit menschlicher Stimme sprechen hören. Die arme Prinzessin war so erstaunt, daß sie selbst zu weinen aufhörte.

Auch die alte Maus hörte auf zu weinen, sie wischte sich mit der Pfote die Tränen ab, nahm mit den Zähnen ihre Tochter auf und trug sie auf einen kleinen Hügel. Sie legte sie auf den Hügel nieder und bestreute sie mit Staub. Und sie streute und streute, bis das kleine Mäuschen unter dem Staub nicht mehr zu sehen war.

Und die Prinzessin stand da und schaute, was nun weiter geschehen würde.

Und plötzlich bewegte sich der Staubhaufen, und heraus sprang die kleine Maus, als ob nichts mit ihr geschehen wäre. Sie schüttelte den Staub ab und lief, ohne sich umzublicken, ins Gebüsch, ihr nach die alte Maus.

Noch mehr als vorher wunderte sich die Prinzessin, wunderte sich und dachte: Der Staub auf dem kleinen Hügel ist wohl kein gewöhnlicher Staub, sondern ein Staub, der Wunder wirkt. Ich werde den armen Dsambolat mit diesem Staub bestreuen.

Sie ergriff ihr seidenes Kopftuch, und leichter als Vogelflaum, schneller als die Berggemse lief sie auf den Hügel. Ein volles Kopftuch Staub brachte die Prinzessin herbei. Sie zog den Pfeil aus dem Herzen Dsambolats und schüttete ihm den ganzen Staub auf die Wunde.

Schon wollte die Prinzessin nochmals auf den Hügel laufen, um noch mehr Staub zu holen, da schlug Dsambolat die Augen auf, schaute sich um und sagte:

«Ich habe lange geschlafen, Prinzessin. Es ist Zeit, daß wir uns auf den Weg machen.»

Da freute sich die schöne Prinzessin, vor lauter Freude fiel ihr das Kopftuch aus der Hand, das Licht der Sonne, des Mondes und der Sterne strahlte wieder auf ihrem Haar, und noch stärker schlug ihr das Herz in der Brust.

Dann hob die schöne Prinzessin den stählernen Pfeil von der Erde auf, reichte ihn dem tapferen Dsambolat und sagte:

«Möge dein Feind so schlafen, wie du geschlafen hast. Das war kein Schlaf, sondern der Tod. Sogar hier hat uns ein königlicher Krieger gefunden, und mit diesem Pfeil hat er dein Herz durchbohrt. Bald wird er mit allen königlichen Kriegern hierher zurückkehren, und dann wirst du dem Tod nicht entgehen.»

Wieder breitete die schöne Prinzessin ihr Kopftuch auf der Erde aus, aber kaum hatten sie auf ihm Platz genommen, da erzitterte die Erde. Staubwolken erhoben sich bis zur Sonne, und ein Klirren von Säbeln und Dolchen schallte durch das Tal. Das waren die königlichen Krieger. Sie kamen, um dem toten Dsambolat seine schöne Braut wegzunehmen.

Da flehte die Prinzessin zu dem Schutzherrn der Täler und Wälder, und das seidene Kopftuch erhob sich höher als die stillen Wälder, höher als die Gipfel der Berge, höher als die Wolken. Und der tapfere Dsambolat und die schöne Prinzessin flogen in die Schwarze Schlucht, zu der Ssaklja der drei Brüder aus dem Geschlecht des Dsanati. Die Krieger aber des großen Königs des fernen Landes blieben dort, wo der Quell sich in den Bergbach ergoß.

Niemand weiß, wie lange die Prinzessin und Dsambolat auf dem seidenen Kopftuch flogen. Aber plötzlich verfinsterte sich die Sonne, als ob die Nacht hereinbreche. Die Prinzessin schaute nach einer Seite, sie schaute nach der anderen Seite, und dann schrie sie vor Angst auf:

«O armer Dsambolat! Wir werden den königlichen Kriegern nicht entkommen! Du wirst dem Tod nicht entgehen!»

Dsambolat blickte hoch und sah mächtige Adler geflogen kommen, unzählig viel, sogar die Sonne verdeckten sie mit ihren Flügeln. Da begriff der tapfere Dsambolat, daß diese Adler nicht gewöhnliche Adler waren, sondern die königlichen Krieger. Doch der tapfere Sohn der Berge erschrak nicht. Er zog aus dem Köcher einen stählernen Pfeil, spannte den Bogen und sagte:

«Fürchte dich nicht, schöne Prinzessin, uns können die königlichen Krieger, ihre Säbel und Dolche nicht erschrecken!»

So sprach der tapfere Dsambolat und schnellte einen stählernen Pfeil direkt zum Himmel empor, und dann rieb er den goldenen Ring an seiner Tscherkesska und flehte:

«O Sonne der Sonnen, goldene Sonne, möge mein stählerner Pfeil allen königlichen Kriegern den Tod bringen!»

Kaum hatte er es gesagt, da teilte sich sein stählerner Pfeil in Tausende von Pfeilen, und jeder Pfeil durchbohrte das Herz eines mächtigen Adlers. Nicht ein einziger Adler konnte sich vor den stählernen Pfeilen retten, nicht ein einziger Adler regte mehr seine mächtigen Schwingen. Und wie ein Steinhagel fielen die mächtigen Adler, die Krieger des großen Königs des fernen Landes, auf die weite Ebene, fielen leblos auf die dichten Wälder und die grünen Auen.

Heller denn je glänzte am Himmel die goldene Sonne, größer denn je war die Freude Dsambolats und der schönen Prinzessin.

Niemand weiß, wie lange noch die Prinzessin und Dsambolat so über Wälder und Ebenen, über Flüsse und Berge, über die Wolken dahinflogen. Aber endlich flogen sie direkt auf den Hof der Ssaklja Dsambolats.

Aus dem Haus heraus kamen ihnen der älteste Bruder Bimbolat und der mittlere Bruder Kaspolat entgegengelaufen. Sie umarmten ihren jüngsten Bruder Dsambolat und priesen die Sonne der Sonnen, die goldene Sonne:

«O Sonne der Sonnen, goldene Sonne! Lob und Preis sei dir dafür, daß unser jüngster Bruder Dsambolat mit seiner schönen Braut in unser Haus heimgekehrt ist!»

Dann feierten die Brüder ein großes Fest. Zu dem Festmal luden sie Gäste aus allen Schluchten, aus allen Ebenen, aus fernen und nahen Ländern ein.

Dann aber bauten die Brüder drei Schlösser aus Kristall mit hohen Türmen.

Und in diesen kristallenen Schlössern lebten nun die drei Brüder aus dem Geschlecht des Dsanati.

Jetzt wußten alle Menschen, daß es niemand auf der ganzen Welt gab, der tapferer war als Dsambolat. Und alle wußten, daß Dsambolats Frau die schönste Frau auf der ganzen Erde war: Ihr Wuchs war schöner als der einer Zypresse, ihre Augen waren schwärzer als die schwarze Nacht, und auf ihrem Haar strahlte das Licht der Sonne, des Mondes und der Sterne.